AF349677

MANDAT SOUVERAIN,

CONCERNANT

LES

MONNOIES

ETRANGERES,

qui auront cours.

ET CELLES,

Qui font rabaiffées, ou entierement deffenduës,

AVEC L'EVALUATION

DES ESPECES

D'OR, ET D'ARGENT.

BERNE, de l'Imprimerie de LL. EE. 1756.

NOUS L'AD-
VOYER, PETIT
& Grand Conſeil de la Ville & Ré-
publique de Berne, ſavoir faiſons : Qu'étant
parvenu à Nôtre connoiſſance, que depuis
quelque tems les bonnes Eſpéces ſortoient
de Nos Etats & des mains de Nos Reſſor-
tiſſans & qu'il entroit en leur place toute
ſorte de mauvaiſes Monnoïes, dont tout le
Païs ſe trouve ſurchargé : Lequel Trafic il-
licite a porté un dommage très-conſidérable
à tous Nos Bourgeois & Sujets; Nous avons
jugé néceſſaire par ces conſidérations, &
afin de les garantir à l'avenir de perte, de
A 2   fixer

fixer & de déterminer par cette préfente Ordonnance les Monnoïes étrangéres , lefquel-
les , comme de bon alloi , devront avoir
cours ainfi que du paffé , & celles auffi , lef-
quelles étants de trop petit alloi , Nous a-
vons ou rabaiffées à leur valeur intrinféque ,
ou bien abfolument prohibées.   Le tout ,
comme fuit ;

Monnoïes, auxquelles on laiffe l'an-cien cours.

Les pieces de cinq Baches de *Lucerne* , de *Ge-*
nève & de *Neufchâtel* , & les Fractions
d'icelles.

Les Gros de *Schweitz* & de *Schaffoufe* , ou viel-
les pieces d'onze Lucernes.

Les Plapparts de *Bâle*, ou vieilles pieces de quatre Lucernes.

Les Piecettes , trois fimples à raifon de cinq
Baches de *Berne*.

Les vieux Baches de *Zurich* , de *Lucerne*, d'*U-*
ri , de *Schweitz* , de *Zoug* , de *Frybourg* ,
de

de *Soleure* & de *Neufchâtel*, à raifon
de quatre Creuzer de Berne.

Les vieux demi Baches à tous les coins ci - deffus, à raifon de deux Creuzer.

Les vieilles pieces de trois Creuzer de *Frybourg* & de *Soleure*, à raifon de trois
Creuzer.

Monnoïes rabaiffées.

La Réale, ou piece d'Efpagne de fept Baches,
mife à fix Baches deux Creuzer.

Le Gros de *Zurich*, ou l'*Oerthli*, mis à quinze
Creuzer.

Monnoïes abfolument deffenduës &
prohibées.

Les pieces de cinq Baches d'*Uri*, de *Schweitz*,
d'*Unterwalden*, de *Zoug*, de *Frybourg*,
de *Vallay*, & de l'Evêché de *Bâle*, &
les Fractions d'icelles.

A 3

Les

Les Gros de *Saint-Gall* & d'*Appenzell*.

Les Gros de *Bâle*, ou pieces de trois Baches, de 1724.

Les Baches de *Vallay* & de l'Evêché de *Bâle*.

Les demi Baches, frappés en dernier lieu, de *Frybourg*, & tous les demi Baches d'*Unterwalden*, de *Vallay*, & de l'Evêché de *Bâle*,

Les Affis de *Bâle*.

Les Lucernes, ou Sols, vieux & nouveaux, de *Zurich*, & de *Lucerne*, & de tout autre coin.

Tous les Creuzer, demi Creuzer, Rappes, Angfter, & généralement toutes les menuës Monnoïes qui ne font pas au coin de *Berne*.

Toutes les Monnoïes d'Empire, fans exception.

Bien entendu, que tout autre Monnoïe (fous quel nom Nous comprenons toute piece au-deffous de la livre Bernoife, ou de fept Baches

Baches deux Creuzer de ce Païs,) laquelle n'aura pas été expreſſement ici nommée, parmi celles, que Nous authoriſons, doit être prohibée, ſans aucune exception :   A la reſerve néanmoins des Fractions des Eſpéces d'argent, qui ont cours dans le Païs, dont la Taxe ſuivra ci - après.

Pour donc empêcher à l'avenir l'introduction des mauvaiſes Monnoïes dans Nos Etats, & pour arrêter ce mal ſi pernicieux à ſa ſource :   Afin auſſi, de reprimer & de châtier dûëment, non - ſeulement tous les, ſoit - diſant, Roigneurs & Billonneurs, & les Agioteurs, qui jettent ces mauvaiſes Monnoïes dans le Païs, en les troquant, ou contre de bonnes Monnoïes, ou contre des Eſpéces d'or & d'argent, leſquelles ils font paſſer au - déhors : Mais encore les Négocians, Fabriquans, Commiſſionaires, Voituriers, Meſſagers, Poſtillons & tous autres faiſant quelque commerce & trafic, qui pourroient faire des païemens en pareilles Monnoïes prohibées, ou chercher par quelqu'autre voye à en répandre dans le Païs : Nous voulons,
que

que toute Monnoïe mauvaiſe & prohibée,
qu'on fait entrer dans le Païs, ſoit confiſquée
par Nos Baillifs, & que celui, qui aura oſé
introduire telle Monnoïe, païe, ſi c'eſt une
premiere faute, l'Amende du double de la
valeur de la ſomme confiſquée. Que ſi c'eſt
une récidive, il ſera, outre cela, puni en ſes
biens, honneur ou corps, ſelon que le cas
pourra le mériter. Ce qui cependant doit
être entendu de maniere, que celui, à qui
on auroit fait un envoy en mauvaiſes Monnoïes, doit, s'il va lui-même l'indiquer au
Juge du lieu, être non ſeulement liberé de
ladite Amende, mais percevoir encore un
tiers de la Confiſcation. Que s'il négligeoit
de faire cette indication dans le terme de trois
jours, & qu'il fût cependant dénoncé par
quelqu'un d'autre, celui, qui aura accepté
l'envoy, païera l'Amende en entier, à moins,
que celui, qui a fait la remiſe, ne fût ſurpris
en même tems au Païs : Auquel cas tous
les deux ſupporteront l'Amende, chacun
pour la moitié.

Partant Nous deffendons auſſi très-
ſévérement

févérement aux Negocians, Fabriquans &
à tous & un chacun généralement, de faire
entrer de ces mauvaifes Monnoïes du déhors
dans le Païs, ou de s'en fervir pour le païe-
ment de leurs Ouvriers, fur peine de Confifcation & d'Amende, comme deffus, fans
remiffion.

Et afin de porter d'autant mieux un
chacun à obferver cette Ordonnance, & à
veiller aux Infractions, qu'on voudroit y faire, Nous voulons en outre & ordonnons,
que la Confifcation & l'Amende foïent par-
tagées en trois portions égales : Dont l'une
fera perçûë au profit de Nôtre Fifc, l'autre
au profit du Baillif du lieu, & la troifiéme
au profit du Dénonciateur. Et fera la valeur des portions à la Confifcation de ces deux
derniers à eux délivrée en bonnes Efpéces.

Mais comme la hauffe des Efpéces
d'Or & d'Argent, reçûës au-deffus de
leur jufte valeur, n'a pas peu contribué
au Dommage, que Nôtre Païs fouf-
fre, Nous avons trouvé bon de fixer

B

un

un prix à chacune des efpéces , aux-
quelles Nous voulons laiffer le cours,
comme fuit :

Taxe des Efpéces d'Argent.

L'Ecû vieux de France, ou aux Couronnes,
40. Baches.
Le Louïs - blanc vieux, ou ancien Ecû de
France, 36. Baches.
Le demi Louïs - blanc, 17. Baches 2. Creu-
zer.
L'Ecû, dit Bidet, à l'Ecû de France, ou de
France & de Navarre, 32. Baches.
Le nouveau Bidet, à la marque IL., 31. Ba-
ches.
L'Ecû neuf de France, ou à la Palme, aura
cours jufqu'à nouvel Ordre, à 40. Ba-
ches.
La Croifade de Gênes, pourvû qu'elle foit
de poids, 50. Baches.
Les Fractions d'icelle, en raifon de la
piece entiere, à 50. Baches.
La Bajoire, foit l'Ecû de cinq livres, 43.
Baches.

L'Ecû-

L'Ecû-neuf d'Espagne, ou aux Colonnes,
    35. Baches 2. Creuzer.
Le vieux Patagon, & en général le vieux
    Ecû Espéce, 33. Baches.
L'Ecû neuf de Savoy, 45. Baches 2. Creu-
    zer.
Le Trente-Sols, 14. Báches 2. Creuzer.
Le demi Trente-Sols, 7. Baches.
La piece d'un Franc de Lorraine, 9. Baches.

Taxe des Espéces d'Or, bien entendu qu'elles soïent de poid.

La vieille Pistole de France & d'Espagne,
    127. Baches.
Le Louïs Mirliton, 124. Baches.
Le Louïs au Soleil, & le Louïs au Poupon,
    marqué d'une Main & d'un Sceptre,
    155. Baches.
Le Croix de Malthe, 185. Baches.
Le Louïs aux lL. : Comme il s'en trouve
    beaucoup de faux & contrefaits, on
    ne fera point tenu d'en recevoir en Païe-
    ment.

B 2

Le

. Le Louïs à la Noaille, qui a eu cours juſques ici
  pour un & demi Louïs au Soleil, 232.
  Baches.

Le Louïs neuf, ſoit aux Ecuſſons, aura cours
  juſqu'à nouvel ordre, à 160. Baches.

Le gros Moy-d'Or de Portugal, ou piece
  d'Or de Lisbonne, 275. Baches.

Le petit dito, 205. Baches.

  Les Fractions d'icelui en raiſon de la
  piece entiere.

La nouvelle Piſtole de Savoye, 183. Baches.

La Piſtole de Gênes & de Veniſe, 125. Baches.

Toute autre Piſtole d'Italie, 123. Baches.

La Piſtole de Genêve, 109. Baches.

Le Ducat, du poid de 63. grains, ou de la
  demi Piſtole d'Eſpagne, 70. Baches.

  Tout Ducat plus leger, eſt prohibé abſolument, & n'aura aucun cours. Voulant,
que quiconque en aura entre mains, ait à les
porter à Nôtre Monnoïe, en conformité de
la préſente Ordonnance, pour là en recevoir
la valeur réelle de l'Or, ſans encourir autre
peine.

Toutes les Eſpéces d'Or d'Allemagne
          ſont

ſont de même abſolument prohibées & n'auront pas de cours.

Sur ce voulons & ordonnons par les Préſentes, qu'un chacun dans Nos États, ſoit Sujet, ſoit Etranger, ſans en excepter perſonne, mais ſurtout les Fabriquans, Marchands & Négocians, ayent à ſe conformer exactement, ſoit pour les Recettes, ſoit pour les Livrances à cette Ordonnance, & à la ſuivre comme une Règle pour leur conduite, en s'abſtenant auſſi de répandre aucunes nouvelles Eſpéces d'Or ou d'Argent dans le Païs, avant qu'elles ayent été par Nous évaluées & taxées. D'autant, que les Eſpéces qui ne ſont pas compriſes dans la préſente Taxe, où qui pourroient être offertes ou acceptées audeſſus de cette Taxe, devront être, ſans grace, confiſquées, laquelle Confiſcation tombera tant ſur l'Offrant que ſur l'Acceptant: Avec la reſerve de les punir même plus rigoureuſement, ſelon les circonſtances & la nature de la faute commiſe.

Quant au partage de la Confiſcation,

il fe fera , comme il a déja été reglé ci - deſ-
ſus à l'égard des Monnoïes.

Pour ce qui concerne les nouvelles Eſpéces d'Or & d'Argent, qui pourroient entrer dans le Païs, & n'auroient point encore
été évaluées, Nous entendons, qu'elles ſoyent
préſentées à Nos Baillifs, ou dans Nôtre Ville au Directeur de Nôtre Monnoïe, afin que
la Taxe d'icelles puiſſe être en dûë forme fai-
te & publiée.

A ces cauſes mandons & command
très-ſérieuſement à tous Nos Baillifs de v
ler avec toute l'exactitude poſſible au main-
tien de cette préſente Ordonnance : Enjoig-
nant à tous Nos Officiers & aux Prépoſés de
chaque lieu, d'avoir, ſur l'obligation de leur
ſerment, l'œil aux Contrevenans, & de les
déférer à Nos Baillifs , ſans égard pour perſonne. Le tout dans la ferme confiance ,
que tous Nos chérs & féaux Bourgeois &
Sujets ſe feront un juſte devoir de ſuivre ponc-
tuellement cette Ordonnance, qui ne tend
qu'à leur propre avantage , & d'éviter par
une

une légitime obéïſſance les dommages & châ-
timens qu'ils pourroient ſans cela encourir.
Donné en Nôtre Grand Conſeil le 4. Juin
1755., augmenté & éclairci ce 2. Juillet
1756.

Chancelerie de Berne.